1. やっていますか?

　指差し呼称は、危ない行動や状態がないことや解消されたことを確認する行動です。主に、災害が生じそうな場面や、作業が切り替わる場面で実施し、作業の正確性と安全性を高めるものです。

　また、指差し呼称は、危険予知（KY）活動の一環で行うものです。

危険予知（KY）活動とは……
　職場のみんなで、危険に関する情報を話し合い、対処する危険をしぼりこみ、対策を考え合い、行動目標と指差し呼称項目を決めていく安全先取り手法です。みんなで決めるので、実践に結び付くのです。

2. ヒューマンエラー事故防止に 指差し呼称

① ヒューマンエラー事故防止

　もともと人間には、うっかり、ぼんやりなどの不注意や、見間違い、聞き間違い、思い違いなどを起こしやすい行動特性があります。その特性によって引き起こされるエラーを**ヒューマンエラー**といいます。

　ヒューマンエラーが起きても災害や事故が発生しないようにするには、ハード面の対策、ソフト面等の対策を徹底する必要があります。

❶ 物 ……ハードウエア

（設備・機械・環境・原材料などへの対策）

異常が起きても大丈夫なように ……フェールセーフ
誰がやっても間違えないように ……フールプルーフ など

❷ 人×物（人×作業） ……ソフトウエア

（作業手順・保守点検・教育などの対策）

正しく安全なやり方を決めて

ヒューマンエラー事故を防止するためには、ハードウエアやソフトウエアだけでは防ぎきれないエラーをヒューマンウエアで補う必要があります。

❸ 人×心 ……ヒューマンウエア

（職場の小集団活動で、一人ひとりのヤル気・チームワークに働きかける、指差し呼称、危険予知（KY）活動を必ず実践）

みんなで決めたことだから必ずやろう！

② 指差し呼称の有効性

・(持っている) 感覚を総動員

　指差し呼称の一連の動作（対象を見つめ、腕を伸ばして指で差す、振り上げて目で見つめて確認する、声を出す。）には意味があります。

大脳生理学的にみると ……

1：発声の効果
口の周りの筋肉を動かして、脳への刺激に

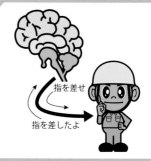

指を差せ
指を差したよ

2：腕の動きの効果
腕を動かして大脳の働きが活発に

3：型の効果
見る、腕・指・口を動かす、声を出す、聞くことで意識の活性化に

・意識レベルのギアチェンジ

　故 橋本邦衛博士（日本大学生産工学部教授）は、フェーズ理論として意識レベル（フェーズ）を5段階に分けました（表1）。

　ヒューマンエラーはフェーズⅠ、Ⅱのときに起こりやすいのですが、日常の定常作業はほとんどフェーズⅡ（ノーマルな状態）で処理されています。

　しかし、非定常作業のように高い集中力が求められるときには、指差し呼称を行いフェーズⅢ（クリアな状態）に切り替えることで、作業の正確度を高めヒューマンエラー事故を防止することができます。

　また、パニック（フェーズⅣ）時に指差し呼称で一息おくことは、意識レベルをフェーズⅢに切り替えるためにも有効です。

表1　意識レベルの段階分け

フェーズ	意識の状態	注意の作用	生理的状態	信頼性
0	無意識、失神	ゼロ	睡眠	ゼロ
Ⅰ	意識ボケ	不注意	疲労、眠気	0.9以下
Ⅱ	ノーマル	心の内方へ	定常作業時	0.99〜0.99999
Ⅲ	クリア	前向き	積極活動時	0.999999以上
Ⅳ	過緊張	1点に固執	パニック	0.9以下

（橋下邦衛. 安全人間工学・1984）

・指差し呼称の効果は？

　鉄道総合技術研究所が公表した「指差し呼称」の効果検定実験結果データによると、声を出して指を差す「指差し呼称」をした場合は、「何もしない」場合に比べて、誤りの発生率が約6分の1以下となったことが示されています。

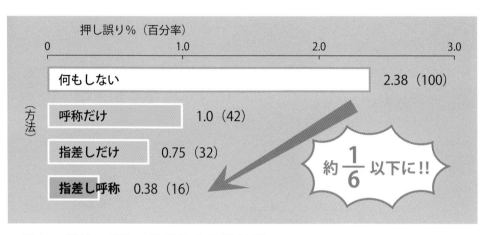

図1　指差し呼称の効果検定実験結果

（財団法人 鉄道総合技術研究所・1996）
芳賀繁・赤塚肇・白戸宏明「指差呼称」のエラー防止効果の室内実験による検証
産業・組織心理学研究　Vol.9,No2,107～114,1996.

　このように、指差し呼称は、腕を伸ばして指を差し、対象を見つめ、声を出して確認を行うことで、事故防止に役立つことがわかります。

基本のやり方

① 対象をしっかり
　　見る

② 利き腕を伸ばして対
　　象を指差す。呼称項
　　目を唱える

しっかり見る!

腕・指は ……

利き腕を伸ばし、人差し指で対象を差す

締まった形をつくる!
縦拳の形から…

人差し指を
まっすぐ突き出す

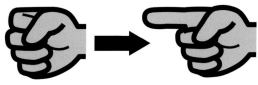

親指を中指にかけた縦拳の形から、
人差し指をまっすぐ突き出すと
締まった形になります。

③ 耳元まで振り上げて
本当に良いかを考え、
確かめる

④ 確認できたら、「ヨシ!」
と唱えながら対象に向
かって腕を振り下ろす

ヨシ!!

はっきりした声で

注意すべきこと

・筋肉の伸縮で大脳を刺激し、意識レベルをギアチェンジするために、動
作はキビキビ（機敏に）と行う。

・はじめは「はずかしい」「照れくさい」
といった抵抗があるかもしれない。声
を出すのを嫌がって、指差し確認だけ
にとどめたり、声は出しても腕・指の動
作を怠ったりすると、精度が落ちる。

キビキビした
動作で！

背筋を伸ばして

反対の手は腰に

　ただし、時と場合によって声を出せなかったり、
腕を振り上げたり、振り下ろせない場面もあるの
で、臨機応変に使い分ける。

4. 指差し呼称項目とは？

　指差し呼称項目は、対象と状態、または人の行動でとらえます。

　また、指差し呼称項目は確認する対象をできるだけハッキリするように具体的に決めます。

温度は 40℃だな

| 温度　ヨシ | ⇒ | 温度 40 度　ヨシ |

対象　状態　　具体的に！

① 人の行動 (例)

自分自身の場合

・**立ち位置**（対象物との距離はよいか？）

例:**立ち位置　クレーンフックから3m　ヨシ！**

ヨシ！

・**姿勢**（頭・腕・足・腰などの位置はよいか？）

例:**作業台　腰の高さ　ヨシ！**

共同作業者の場合

相手の位置、姿勢、服装、保護具、合図など

共同作業の場合は自分が
「〇〇　ヨイカ?」と問いかけ、
相手から
「〇〇　ヨシ!」と応答を受けてから、
行動に入る。

② 物の状態 (例)

1)　計器類

（温度計、流量計などの
指示計器（正常値か）、
警報設備（アラーム音の有無）など）

例：**目盛り　正常運転範囲内　ヨシ!**

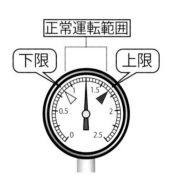

2)　操作機器

（ハンドル（右に回すのか左に回すのか）、
バルブ（開にするのか閉にするのか）、電源、操作パネル、
インターロックなど）

例：**起動ボタンランプ　点灯　ヨシ!**

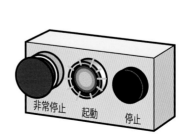

3）治工具

　　（ナイフ・スパナ・ハンマーの状態）

例：**ハンマー　ヘッドゆるみなし　ヨシ！**

4）資材・製品などの置き方

　　（積み方、位置、方向や角度など）

例：**ドライバー　定位置収納　ヨシ！**

5）標識

　　（危険物・有害物、立入禁止、停止線、火気厳禁、表示ランプ）

例：**操作禁止表示　取り付け　ヨシ！**

6）その他

　　業種業態によって確認すべきポイントはさまざまです。

例：**宅配便送り状**
　　住所、氏名、電話番号　記入済
　　ヨシ！

③ 項目数と回数

　何を対象として、どう呼称するかは職場のリーダーと作業者がよく話し合うとよいでしょう。

　必ずこれだけはやると決めて、指差し呼称項目を 3 から 5 程度にしぼります。1 日の呼称回数を 30 〜 50 回程度にするとよいでしょう。

・呼称対象や回数が少ないと ……
　1 日に何回もやらないので定着しにくい。

・呼称対象や回数が多すぎると ……
　単に言葉だけとなり、惰性に流れるようになる。

5. さまざまな職場での活用場面

メールアドレス 〇〇@〇〇 ヨシ！
（オフィスで）

開き止め セット ヨシ！
（スーパーで）

通路 段ボールなし ヨシ！
（ドラッグストアで）

右、左、右、車なし ヨシ！
（構内移動で）